# LE PATINAGE

## à glace et à roulettes

# LE PATINAGE

## à glace et à roulettes

PAR

## Paul BONHOMME

**Préface par le Champion de France**

ÉDITIONS NILSSON

7, rue de Lille, Paris

# PRÉFACE

Depuis vingt-cinq ans environ, les sports se
sont développés en France avec une rapidité
que l'on peut qualifier d'extraordinaire, par
rapport à la lenteur qu'ils avaient mis à s'y
propager jusqu'alors. En dehors de la gymnastique proprement dite, on n'en connaissait guère
d'autres que ceux dont on proclamait l'utilité
pratique, tels que l'équitation, l'escrime, la
natation, la chasse, etc.; et l'on semblait dédai-
gner systématiquement les exercices qui, sans
être d'une application aussi usuelle que les pré-
cédents, concourent néanmoins dans la même
mesure à l'amélioration de notre organisation
physique.

Le patinage, il est vrai, fit relativement exception à cette règle.

Son histoire prouve que, depuis des siècles, il intéressa les Français ; mais jusqu'à ces dernières années, il ne fut pratiqué chez nous qu'à titre exceptionnel. On en donnait une raison péremptoire, habitué qu'on était à ne considérer cet exercice que comme un plaisir d'hiver, et à subordonner sa pratique aux fantaisies du baromètre, puisque seul le patinage à glace était connu. Et encore ne patinait-on que sur la glace naturelle. La vulgarisation des sports a singulièrement modifié cette manière de voir.

On a fini par reconnaître que la constitution humaine est essentiellement perfectible, et que tout exercice qui améliore ses rouages tend par suite à réaliser ce perfectionnement. Les anciens ne proclamaient-ils pas cette vérité que, pour que l'intelligence atteigne son maximum de rendement, il faut que le corps qu'elle gouverne soit d'abord en bon état : *Mens sana in corpore sano ?*

On a donc été amené peu à peu à considérer les divers sports, même les plus futiles en apparence, comme devant faire partie du programme de l'éducation corporelle ; et l'on a bien voulu assigner au patinage le rang qu'il doit occuper dans la classification de ces sports.

Il méritait cet honneur à tous égards ; d'abord

parce que sa pratique contribue dans la plus
large mesure à assouplir et à développer les
muscles; et ensuite parce qu'en faisant côtoyer
un danger — relatif — elle développe également
ment ce qu'on est convenu d'appeler le sang-
froid.

Mais ce ne seraient là que des titres assez
minces à la reconnaissance de ses plus fervents
adeptes, s'il ne pouvait se glorifier d'être venu
enrichir le répertoire des sports féminins, qui,
tout en conservant ce caractère, sont en même
temps des exercices violents.

Ne s'imaginait-on pas, par une singulière ano-
malie, que tout sport qui nécessite un effort musculaire un peu prolongé devait être l'apanage
exclusif du sexe masculin?

L'éducation moderne a fait heureusement
table rase de ces vieux préjugés.

Si la constitution de la femme lui interdit
certains exercices incompatibles avec les res-
sources d'énergie dont elle dispose, pourquoi
ne pas chercher à augmenter le coefficient de
cette vigueur par des moyens de culture physique tout à la fois progressifs et rationnels?

N'y trouverait-t-elle pas, en même temps
qu'une activité propice à la circulation du sang,
un entraînement favorable à son propre épa-

nouissement? Et si, en augmentant son agilité, en développant sa force, en faisant en un mot « travailler » toutes les parties du corps, cet exercice se double au surplus d'un attrait qui le transforme en plaisir, ne pourra-t-on pas le considérer comme le plus puissant facteur de perfectionnement physique ?

D'ailleurs, les faits sont là qui attestent les services rendus à l'organisme féminin par cette gymnastique éducatrice.

Aussi, le patinage à glace — et plus encore peut-être le patinage à roulettes — élargit-il chaque jour de ce côté ses conquêtes. L'engouement que manifestent pour lui, à l'heure actuelle, les jeunes filles et les jeunes femmes est pleinement justifié.

Dans les divers championnats internationaux, les « rinkeuses » sont pour le moins aussi nombreuses que les « rinkeurs ». Et quoiqu'elles laissent aux hommes le record de la vitesse, ainsi que celui de l'endurance, ce sont elles, assurément, qui contribuent le plus au succès de ces épreuves, en y apportant si crânement l'appoint de leur élégance, de leur souplesse et de leur grâce.

LE CHAMPION DE FRANCE.

# PREMIÈRE PARTIE

# LE PATINAGE A GLACE

# CHAPITRE PREMIER

## Du patinage en général.

On est toujours porté, quand on aime un sport, à le proclamer supérieur à tous les autres. Nous nous garderons de tomber dans ce travers à propos du patinage. La vogue dont il jouit nous dispense de vanter ses mérites et ses avantages.

Si dans certains pays du Nord, tels que la Laponie, la Norvège, la Hollande, le patinage s'est imposé, comme une utilité, par la force des choses, c'est bien en tant que plaisir qu'il s'est acclimaté chez nous. Est-ce la nécessité qui fit donner jadis sur les bassins gelés de Versailles, puis, sur les lacs du bois de Boulogne, ces fêtes inoubliables au cours desquelles les plus notoires chevaliers

du patin exécutaient de si gracieuses ara-
besques?

Sport indispensable à quelques-uns, sous
les latitudes où il devient, en hiver, le seul
moyen de locomotion possible, le patinage à
glace est pour la majorité un divertissement,
parce qu'il n'est guère d'exercice plus hygiénique, ni plus agréable.

Se pratiquant généralement au grand air,
par une température rigoureuse, mais saine;
mettant en jeu, pour ainsi dire, toutes les
articulations du corps, il concourt le plus
heureusement du monde au développement
des forces physiques, en même temps qu'il
constitue un repos bienfaisant pour l'esprit.

N'arrivait-il pas au poète Gœthe de patiner
du matin au soir, et, quand la nuit venait, de
poursuivre ses exercices au clair de lune,
pour ne les terminer qu'à l'apparition nouvelle du soleil?

Et Klopstock? Et le peintre Horace Vernet?
Et Lamartine, n'étaient-il pas, eux aussi, des
patineurs célèbres?

Mais nous sommes bien convaincus que la
plupart des gens qui patinent ne le font ni
pour imiter Gœthe, ni pour marcher sur les
traces de Klopstock, ni pour chercher les

inspirations de Lamartine. Le snobisme, qui
s'attaque à tout, comme la rouille, ne s'est
pas encore — Dieu merci! — emparé du
patinage.

Le nombre des personnes qui patinent par
genre n'est rien en comparaison des foules
qui se livrent à cet exercice par agrément.
On peut dire du patinage qu'il est aimé pour
lui-même; et nous ne croirons rien exagérer,
ni froisser l'amour-propre d'aucun autre
« footing » en ajoutant que cette prédilection
est parfaitement justifiée.

Les poètes sportifs se sont plu à proclamer que « la bicyclette nous donnait des
ailes ».

Que dire, dans le même ordre d'idées, du
patinage?

Quand nous filons vertigineusement sur
la nappe glacée, ne semble-t-il pas que nos
pieds ont quitté la terre et que nous sommes
soulevés doucement par des ailes invisibles?
Nous fendons l'air sans que rien ne nous
arrête, ni ne nous rappelle l'imperfection et
l'impuissance de nos mouvements.

A peine le patineur tient-il au sol par
l'étroit tranchant de fer dont ses pieds sont
armés. Il ne marche pas, il ne court pas; il

glisse, il sillonne, il effleure en se jouant ce miroir uni qui s'étend autour de lui. Et c'est une indéfinissable volupté.

On ne saurait imaginer à quelle agilité et à quelle adresse parviennent certains patineurs.

Les virtuoses n'arrivent-ils pas à tracer d'un seul pied sur la glace et avec une incroyable rapidité des portraits d'une pureté de contours extraordinaires?

Gœthe raconte dans ses Mémoires avoir vu, sur un large bassin, une jeune fille accepter le défi d'une « correspondance au patin »; le pari fut tenu; et, en quelques minutes, une demande et une réponse furent tracées avec une élégance de forme digne d'une main qui écrirait avec le diamant sur le verre.

Aussi, avec quel lyrisme, l'auteur de *Faust*, qui était, comme nous l'avons dit, un fanatique du patin, ne célébra-t-il pas ses charmes! Il patinait avec une telle passion, que ce plaisir lui faisait tout oublier. Il en perdait jusqu'à la notion des êtres et des choses qui l'entouraient; et c'est le cas de dire que ces folles randonnées sur la glace ne furent pas pour lui du temps perdu.

« Ce furent, au contraire, dit-il, cet exercice, cet abandon à des mouvements sans but, qui réveillèrent en moi des besoins plus nobles trop longtemps assoupis; et je dus à ces heures qui semblaient perdues le développement plus rapide de mes projets poétiques... »

N'en demandons pas tant au patinage.

Qu'il contribue seulement à nous amuser en agissant salutairement sur notre constitution; et nous lui vouerons une juste reconnaissance!

# CHAPITRE II

## Les origines du patinage.

Nous « glisserons » sur les origines du patinage. La fonction crée l'organe; et il est bien certain que les premiers patineurs furent des hommes du Nord qui, s'étant trouvés en présence de vastes étendues glacées, durent, pour les traverser, ou tout au moins pour s'y aventurer, se créer un appareil approprié.

Ceux-là, à coup sûr, ne patinèrent pas simplement par plaisir. Aujourd'hui encore, du reste, le sentiment qui pousse un Lapon à chausser des patins doit avoir une singulière analogie avec celui qui nous suggère, quand il pleut, l'idée de prendre un parapluie, ou, s'il neige, de mettre des snow-boots.

Mais, avec le temps, tout se transforme, tout progresse. Et voilà comment, même dans les pays du Nord, le patinage n'est plus à l'heure actuelle ce qu'il était à son origine.

Sans aller si loin, est-ce que, en Russie, dès que la Néva est prise, cette circonstance ne devient pas pour les Pétersbourgeois de toutes classes une occasion de réjouissances sans nombre? Toute la population se transporte sur le fleuve glacé. On y édifie les célèbres palais de glace; on y installe des « montagnes russes »; et c'est une ville nouvelle qui s'épanouit et se développe au sein même de la vieille cité.

En Pologne, en Hollande, en Allemagne, le patin a été de tout temps en honneur.

Quant à l'Écosse, elle a mis une sorte de coquetterie à pratiquer, dès l'origine, ce genre d'exercice avec une maestria restée légendaire. Qui ne connaît, au moins de réputation, la virtuosité des patineurs d'Édimbourg ?

Il serait assez difficile, quoiqu'en pense le fameux Garcin, de préciser l'époque exacte à laquelle le patin fut introduit en France. Cependant Paris se doit à lui-même de croire qu'il peut défier sous ce rapport toutes les autres capitales.

Ce qui est sûr, c'est qu'au xviii<sup>e</sup> siècle, au commencement du règne de Louis XVI, ce divertissement fut très à la mode. La reine Marie-Antoinette, qui excellait dans ce genre de sport et y déployait une grâce incomparable, contribua beaucoup à en propager le goût. Le comte d'Artois, Saint-Georges et le peintre Isabey l'y aidèrent puissamment, étant eux aussi de fervents patineurs.

Sous la Révolution, le patinage émigra. Il fallut la retraite de Russie pour remettre la glace à la mode. (A quelque chose malheur est bon !) Et le Second Empire, qui s'efforça de marcher sur les traces du premier, fit certainement beaucoup pour le patinage.

Enfin, ce sera l'une des gloires de la troisième République d'avoir donné à ce sport l'impulsion définitive qui devait lui valoir la considération dont il jouit à l'heure actuelle !

Ceci dit, passons aux considérations pratiques...

---

## CHAPITRE III

### La glace propice au patinage.

Il est indispensable de bien choisir sa glace avant de s'y aventurer.

Ce choix a une importance capitale, d'abord parce que le patineur doit veiller à sa propre sécurité, et ensuite, parce que, le patinage étant un plaisir, il est tout naturel que les amateurs de ce sport cherchent à s'y livrer dans les conditions les plus favorables.

En ce qui concerne la sécurité, on ne saurait trop recommander la prudence. Si l'on patine dans un lieu public, ne jamais dépasser les limites de la piste ouverte au patinage, et bien se garder surtout d'affronter les endroits réputés *dangereux*. Ici, le respect des écriteaux est le commencement de la sagesse.

Quand on choisit soi-même sa piste, ne pas s'y risquer sans s'être assuré de sa solidité, l'épaisseur de la glace se reconnaissant non seulement à son contact, mais encore à sa couleur.

Tant qu'elle est d'un vert sombre, c'est-à-dire tant que sa transparence permet de voir la couleur de l'eau, son épaisseur est insuffisante. C'est seulement quand elle apparaît grise, qu'elle présente les garanties de solidité voulue.

D'ailleurs, il est de principe de ne jamais se risquer à patiner sur une eau profonde, sans qu'il ait gelé plusieurs jours de suite à au moins *cinq* ou *six* degrés; et de rester chez soi dès que le thermomètre remonte, ne fût-ce qu'à un degré au-dessus de zéro.

Néanmoins, comme il peut arriver, malgré tout, qu'un accident survienne, tenir compte, en pareil cas, des recommandations suivantes :

Si la glace se fendille et, à plus forte raison, si elle se rompt, chercher aussitôt à se mettre à plat ventre en s'éloignant le plus possible de la partie brisée et y attendre les secours, la diffusion de la charge déterminant un allégement de son poids par rapport à la surface qui le supporte.

Mais le mieux est encore d'éviter ces petits ennuis.

La glace la plus propice au patinage est celle des eaux stagnantes, des lacs, des mares, des bassins qui, privés de tout courant, offrent après la congélation une nappe plus unie que celle des eaux courantes.

Il faut, bien entendu, faire une exception pour la glace artificielle, grâce à laquelle le patineur peut maintenant, en toute saison, se livrer à son sport favori.

Elle n'a qu'un défaut, celui de ne jamais offrir une aussi vaste étendue que la glace naturelle, dont la nappe, suivant l'endroit, peut être illimitée. —

Sans quoi, ce nouveau genre de ring, en supprimant toute menace de rupture, a l'avantage de présenter par le poli de sa surface et la finesse de sa glace, toutes les qualités d'une piste idéale.

# CHAPITRE IV

## Le patin.

Le temps n'est plus ou le patin à glace, digne descendant du patin hollandais, était formé d'une semelle de bois, munie d'une lame d'acier aux extrémités recourbées, et qui se fixait à la chaussure au moyen de courroies d'une compression « blessante » et souvent illusoire.

Ce fut le patin de nos ancêtres. Peut-être est-il encore en usage dans certains pays du Nord.

En France, à l'heure actuelle, non seule-

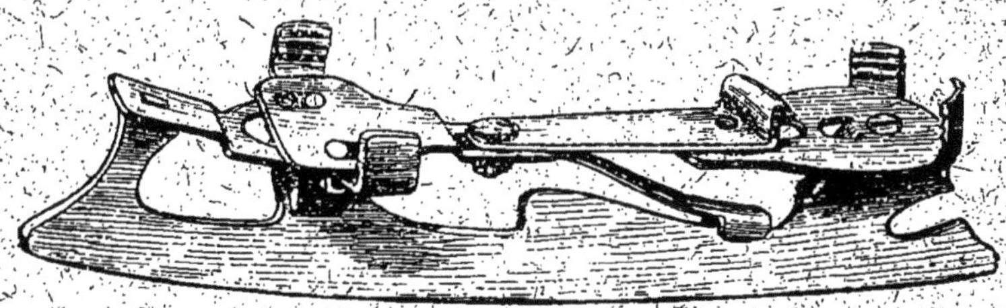

ment, la courroie est proscrite sous toutes ses formes, mais il n'est plus d'autre patin pratique que le patin d'acier, réduit à sa plus simple expression, et que des griffes fixent à la chaussure, soit au moyen d'une clé, soit par la compression du levier dont sont pourvus certains modèles.

Le patin dit « américain », à lame plate — et non plus concave — qui joint à une extrême légèreté toute la solidité désirable, peut être considéré comme le seul pratique.

## CHAPITRE V

### La chaussure.

Elle mérite un paragraphe spécial. Elle est en quelque sorte la base qui soutient l'édifice. C'est d'elle que dépend tout l'équilibre.

On ne peut pas patiner avec un soulier découvert; on se tord les chevilles en se chaussant pour cet exercice de bottines à boutons; la seule chaussure pratique est le brodequin lacé, à haute tige, qui prend bien le pied, sans toutefois le serrer à l'excès, et comprime assez fortement la cheville.

La semelle doit être épaisse, le talon bas.

Tout patineur, du reste, fera bien d'avoir une paire de chaussures exclusivement réservée au patinage, et qu'il maintiendra à l' « état de neuf », pour que les semelles d'une part et les talons de l'autre, offrent au contact du patin l'intégralité de leur surface aussi bien que celle de leur carre.

Négliger cette précaution, c'est gâter d'avance son plaisir.

Quant au costume, il doit être, pour ce sport-là, comme pour tous les autres, solide et simple, de façon à permettre tous les dégagements du corps.

## CHAPITRE VI

### L'équilibre.

De même que pour monter à cheval il faut commencer par apprendre à se tenir en selle — afin de ne pas se laisser désarçonner par sa monture — de même, avant de se risquer sur la glace, il est indispensable de

Fig. 1. — L'équilibre.

savoir se tenir en équilibre sur ses patins
(fig. 1).

Cet exercice préliminaire se fait généralement à domicile.

Le débutant chaussera solidement ses patins, comme s'il devait s'élancer sur une surface glacée; et, tout prosaïquement, sur un tapis, il surmontera les premières difficultés qu'éprouve toute personne — qui n'en a pas l'habitude — à se maintenir sur les deux lames d'acier.

A cet effet, ne pas écarter les jambes, et s'incliner un peu en avant, la pointe des pieds légèrement en dedans, le patineur ne devant pas perdre de vue ce principe, que *les chutes en avant ne sont jamais dangereuses; tandis que les chutes en arrière peuvent avoir les pires conséquences*.

Autre axiome, que doit méditer tout patineur novice : ne pas avoir trop d'ambition, et — autant que l'expression peut s'appliquer à un exercice pédestre — ne pas essayer de mettre les « bouchées » doubles!

# CHAPITRE VII

## La marche en avant.

Rien n'est plus impropre que ce terme de « marche » appliqué au patinage à *glace*, et qui est pourtant l'expression consacrée par les professionnels. On ne « marche » pas, on « glisse » sur la glace ; et c'est sans doute parce que les débutants ne sont pas assez pénétrés de ce principe, que les premiers mouvements leur semblent si difficiles.

Au lieu de chercher à lever alternativement les pieds, il faut donc faire porter le poids du corps tantôt sur l'un, tantôt sur l'autre, de manière à acquérir un élan qui permette de faire ensuite — avec les deux pieds réunis — une longue *glissade* en avant.

Tout d'abord, s'incliner mollement sur le pied qui part, tandis que l'autre pied, placé en équerre par rapport au premier, prend un

Fig. 2. — La marche en avant.

appui sur la glace et donne ainsi au corps
une légère poussée (fig. 2).

C'est seulement quand l'élan est obtenu, que le pied qui l'a donné doit quitter le sol, pour laisser filer le pied parti, aussi long-temps qu'il sera possible à celui-ci de se maintenir en équilibre.

Alors, vous reposez sur la piste le pied que vous aviez relevé; et vous le lancez sur la glace, pendant que l'autre prend à son tour un appui sur le sol et donne sa poussée.

Durant la glissade, tenir les bras le long du corps et s'incliner toujours un peu en avant, pour éviter de perdre l'équilibre et de tomber en arrière.

S'habituer, dès le début, à partir indiffé-remment des deux pieds, pour ne pas rendre l'un moins expérimenté ou plus timide que l'autre.

Enfin, dès que le mouvement se ralentit, recommencer à prendre de l'élan, en se poussant d'un pied, pendant que l'autre se remet à filer sur la piste. C'est cette poussée alternative, combinée avec le balancement du corps, qui, progressivement, accélère la vitesse.

# CHAPITRE VIII

## L'arrêt.

On pourrait dire du patinage ce qu'on dit du baccara : Savoir s'arrêter à temps, tout est là !

Avec les patins d'autrefois, dont la lame était taillée carrément, à l'arrière — il suffisait, pour s'arrêter, de relever la pointe du pied, en s'appuyant sur le talon. La « carre », alors, en s'enfonçant dans la glace, usait le mouvement et déterminait l'arrêt.

La conformation du patin moderne rend à peu près impossible cette façon de procéder, qui présentait, d'ailleurs, un gros inconvénient : celui d'entamer la glace et de produire, à la longue, des rugosités à sa surface.

Avec le patin moderne, il suffit, pour s'arrêter, de joindre les deux pieds, la pointe en dedans ou — ce qui est moins disgracieux —

de réunir les talons, en plaçant les pieds en
équerre; le frottement du travers de la lame
obtient le résultat souhaité (fig. 3).

Fig. 3. — L'arrêt.

Les élégants exécutent ce mouvement en
pivotant plusieurs fois sur eux-mêmes. C'est
la dernière expression du chic!

# CHAPITRE IX

## La marche en arrière.

N'essayez pas seul, pour commencer.

Étant au repos, faites-vous pousser par quelqu'un qui vous guide, en vous tenant les mains, et vous vous habituerez vite au mouvement de recul. Alors, alternativement, d'un pied, puis de l'autre, vous entretiendrez ce mouvement, en vous appuyant sur l'extrémité du patin posé en travers, la pointe en dedans, et vous obtiendrez ainsi l'élan qui vous fera filer à reculons, en glissade *serpentine*, indiquée par le tracé ci-après :

Pour s'arrêter, quand on va en arrière, il faut placer les pieds en équerre, et porter le

corps en avant de manière à résister à l'action
de renversement que produit la brusquerie
de l'arrêt.

—————

# CHAPITRE X

## Les « dehors » et les « dedans ».

Le tracé du patin sur la glace doit figurer
non pas un trait droit, mais un feston, une
ligne courbe, qui doit être convexe ou concave, suivant que vous voulez exécuter un
« dehors » ou un « dedans », c'est-à-dire
l'un des mouvements d'où dérivent tous les
autres (fig. 4.)

Et de même qu'il y a les « dehors » et les
« dedans » d'*avant*, de même il y a les
« dehors » et les « dedans » d'*arrière*.

Le « dehors » est le mouvement qu'on
exécute en s'appuyant sur la face *extérieure*

Fig. 4. — Un dehors du pied gauche.

de la lame du patin par rapport à la position
du corps; le « dedans » celui qu'on exécute

en faisant porter le poids du corps sur sa face *intérieure* (fig. 5).

Fig. 5. — Un dedans.

Les « dehors » et les « dedans » sont les bases de tout *virage*.

Supposez que vous vouliez tourner de droite à gauche, vous faites un « dehors »

Fig. 6. — Un virage.

avec le pied gauche et un « dedans » avec le pied droit, qui, en même temps, donne la direction, en s'appuyant sur la piste, pour imprimer au corps une poussée de droite à gauche (fig. 6).

Au contraire, voulez-vous tourner de gauche à droite? c'est le pied droit qui exécute le « dehors » pendant que le gauche donne la poussée de gauche à droite.

Les « dehors » et les « dedans » d'arrière s'obtiennent par le procédé inverse.

---

# CHAPITRE XI

### Les croisés et les demi-croisés.

On appelle *croisé* le mouvement qui consiste à chevaucher ses pas.

Le *croisé* est, en définitive, une succession de « dehors » et de « dedans » obtenus par le passage d'un pied sur l'autre (fig. 7).

L'élan nécessaire à l'exécution de ce

mouvement s'acquiert par la seule impulsion du corps, penché en avant.

Fig. 7. — Le croisé.

Le croisé rapide, c'est-à-dire à courbes

courtes, est infiniment moins gracieux que le croisé lent, qui produit une courbe plus molle et, par conséquent, plus élégante.

Il se fait indifféremment en avant ou en arrière; mais c'est surtout en « croisant » qu'il faut éviter de se pencher en arrière, de peur de perdre l'équilibre, faute de quoi la figure risque de s'épanouir en catastrophe...

Le demi-croisé diffère du croisé par ce fait, que c'est toujours le même pied qui passe sur l'autre, pendant que celui-ci continue sa glissade normale.

# CHAPITRE XII

## Les figures.

Le patinage étant un art, tout patineur qui se respecte se doit à lui-même de devenir un artiste. Ce résultat ne saurait s'obtenir, s'il ne se mêlait aux mouvements classiques un peu de fantaisie.

L'amateur n'a donc qu'un désir, dès qu'il
sait évoluer convenablement sur ses patins,

Fig. 8. — Une figure hardie.

c'est d'aborder ce qu'on est convenu d'appeler les *figures* (fig. 8).

La plus ordinaire consiste dans le tracé
d'un *cercle* — de plus ou moins grande

dimension — qu'on obtient sur une seule *carre*, c'est-à-dire sur une seule lame de patin — soit en glissant sur le pied droit, — par un magistral « dehors » en avant, soit — en exécutant, avec le pied gauche, un savant « dedans » en arrière.

Vous déposez vos gants sur la glace; et, si vous décrivez autour une circonférence plus ou moins parfaite, dont cet objet reste le centre, — étant donné surtout que la perfection n'est pas de ce monde, — il est bien rare qu'un gracieux sourire ne reflète pas, dans l'assistance féminine, l'impression favorable produite par ce geste éminemment élégant (fig. 9).

Pour le surplus des figures, nous renverrons le lecteur à celles du « patinage à roulettes » qui fait l'objet de la seconde partie de ce traité.

Mentionnons pourtant d'une façon spéciale, dans la liste de ces figures : l'*Adonis*, l'une des plus « captivantes » et qui fait le mieux valoir la souplesse et la grâce du patineur ou de la patineuse.

Elle consiste dans une série de « dehors » en avant, assez prolongés, qui doivent être exécutés tantôt sur une jambe, tantôt sur l'autre. Arrivé à la moitié d'un dehors, les

Fig. 9. — Pour faire un cercle.

maîtres du genre vous conseillent de
« changer l'attitude du corps et des bras, en

les posant dans la situation du « dedans »
en avant, sans cependant bouger la tête.
Vous prenez ainsi deux attitudes à chaque
« dehors » et l'effet est... irrésistible »!

Le pas de l'*Écrevisse* a bien aussi son petit
cachet.

Il est d'ailleurs assez compliqué.

Les professionnels sont unanimes à dé-
clarer que c'est, de tous les pas, le plus
difficile que l'on connaisse.

Mais qui peut se vanter de tout connaître!

Le voici. Attention!

Il s'exécute sur les deux pieds à la fois, et
consiste à tracer un *huit*.

Vous prenez un petit élan en arrière,
et, en même temps, vous donnez un coup
de hanche à droite, en y portant le bas du
corps, le pied gauche devant l'autre, sur la
même ligne.

Après avoir donné l'élan à droite, vous
ramenez le corps en formant un cercle — au
point de départ ; et vous changez de jambe.

C'est la première phase de la figure. Vous
reprenez un peu de souffle, car vous l'avez
bien gagné ; et vous repartez en vous don-
nant un nouveau coup de hanche du côté
gauche, pour tracer de ce côté un cercle

identique à celui que vous venez de faire à droite...

Fig. 10. — L'apothéose.

Vous continuez de la sorte, en ayant soin de ne donner le coup de hanche qu'au moment où le cercle s'achève.

Pendant toute la durée de la figure, avoir soin — pour ne pas perdre de vue le style du grand siècle — de poser les mains sur les hanches, les coudes très en dehors et autant que possible ramenés en avant !

Nous proposerons enfin le *cœur*, les *trois*, les *double-trois*, les *huit*, le *trèfle*, la *spirale festonnée*, les *pirouettes*, les *sauts*... sans préjudice de la chute finale, que pourtant nous sommes loin de préconiser, mais qui ne vient que trop souvent, hélas ! couronner ces prodiges de virtuosité !... (fig. 10).

---

## CHAPITRE XIII

### Le patinage à deux.

Patiner seul est agréable ; mais, comme pour cueillir la fraise, que c'est meilleur, quand on est deux (fig. 11) !

Adjoignez-vous une gracieuse partenaire,

qui soit en même temps légère et souple

Fig. 11. — Le patinage à deux.

sur ses patins, et, grâce à son concours,
vous exécuterez des allées, des venues, des

« en avant », des « en arrière », des

Fig. 12. — La Valse.

niquels, des valses (fig. 12), qui déc...
le plaisir, tout en stimulant l'agilité.
Les simples « *croisés* », qui ont

Fig. 13. — Le Tourniquet.

l'allure et font décrire de jolis dehors, quand on patine en solitaire, deviennent, par couple, si les pas s'harmonisent bien, d'une sobre et rare élégance.

Le *Tourniquet* est une des figures les plus gracieuses à exécuter par couple (fig. 13). Le patineur et la patineuse se font vis-à-vis. L'un exécute du pied gauche un dehors en avant et l'autre du pied droit un dehors en arrière. Ils recommencent ensuite le même mouvement sur les autres pieds et tournent ainsi de l'autre côté, pour terminer la figure par un *trois*, ou par un simple *croisé*.

---

# CHAPITRE XIV

## Le Hockey.

Parmi les « figures » et les grands « exercices » que comporte le patinage à glace, le jeu du *Hockey* est un des plus passionnants.

Comme tant d'autres sports, il nous vient de l'autre côté du détroit. Mais ne soyons pas jaloux ; de combien d'autres choses pouvons-nous dire qu' « ils n'en ont pas en Angleterre » !

Joué sur une pelouse, le Hockey — qui, en anglais, signifie *crosse* — est un jeu de balle participant tout à la fois du *football* et de la *crosse canadienne*.

Les joueurs sont donc armés d'une crosse, aplanie dans sa partie courbe et avec laquelle il s'agit de faire passer une balle de cuir d'une circonférence d'environ 25 centimètres entre deux poteaux de but, enfoncés aux deux extrémités du champ.

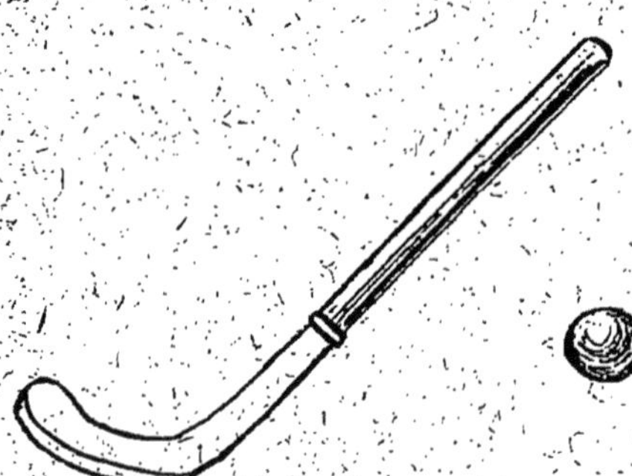

Fig. 14. — Crosse et balle du « Hockey ».

Sur les pistes glacées, ces poteaux se remplacent par des piquets à pied, ou par d'autres signes de pure convention, qui se transportent aussi sur les pistes de bois ; car le patinage à roulettes, lui aussi, a revendiqué le *hockey*; et nous serions bien embarrassé de dire sur laquelle de ces deux sortes de patins il offre le plus d'agrément.

Ce qui est sûr, c'est qu'aucun sport, peut-être, n'exige plus de souplesse, de légèreté, ni d'harmonie que le *hockey* à patins. Les jeunes et jolies rinkeuses, auprès desquelles il est très en faveur, s'y livrent avec une véritable passion. On peut dire qu'elles en raffolent.

Aussi bien le *hockey* double-t-il l'attrait du patinage, puisqu'au plaisir déjà si grisant de cet exercice, il en ajoute un autre qui présente un intérêt presque égal.

Rien n'est plus gracieux, en effet, que le spectacle d'une souple et agile jeune femme glissant ou roulant aérienne sur ses patins, et venant, dans une courbe molle, cueillir la balle sur la glace ou dans le ring, pour l'envoyer d'un vigoureux coup de crosse dans le camp des adversaires.

Inutile d'ajouter, par exemple, que ce n'est pas là un sport pour patineurs novices. Avant de pouvoir lancer la balle avec adresse, avant même de songer à manier la crosse, il faut d'abord se sentir solide sur ses patins (fig. 15).

Ce n'est d'ailleurs qu'affaire d'entraînement. Et alors, de même que le bon nageur,
qui joue au ballon dans l'eau, ne semble pas

Fig. 15. — Le hockey sur glace.

plus faire d'effort, pour se soutenir à la surface, que s'il se trouvait dans son élément
naturel; de même le patineur auquel la piste
de glace — ou celle d'érable — est familière,
ira, viendra, vire-voltera et crossera la balle
avec autant d'assurance que s'il manœuvrait
sur la terre ferme.

# CHAPITRE XV

## Le Ski.

Quoique le patinage à glace n'ait qu'un vague rapport avec le patinage sur la neige, il n'est guère possible de parler de l'un sans faire au moins mention de l'autre.

Ce sport est peu pratiqué en France sauf par les chasseurs alpins; mais est-ce que les Parisiens et Parisiennes hésitent à passer les frontières, quand il s'agit d'éprouver un frisson nouveau?

Et d'ailleurs, dans les Pyrénées, à Cauterets, il n'est pas rare de voir d'intrépides skieurs et de gracieuses skieuses (fig. 16).

Le ski, ou patin de neige des Norvégiens et des Lapons, est une légère planche, qui atteint quelquefois plus de deux mètres de long; mais dont la largeur ne dépasse pas celle du pied. Il est relevé à ses extrémités, qui se terminent en pointe. Au milieu, la planche a une épaisseur double. C'est en cet endroit, formant une espèce d'exhaussement, que se pose le pied qui, enveloppé de son épaisse chaussure, est maintenu par une bride en cuir.

En Norvège, le sol étant, pendant les trois quarts de l'année, couvert d'une épaisse couche de neige, toutes les voies de communication, sauf les chemins battus, seraient fermées, si les habitants de ces contrées ne se servaient de patins. Aussi l'art du patinage, qui n'est chez nous qu'un divertissement, est-il d'une nécessité absolue dans la vie de tout Norvégien.

Ordinairement, c'est aux jours de dégel que la neige tombe et s'entasse sur la terre; et le premier froid qui survient en tapisse toute la surface d'une écorce de glace encore trop faible pour soutenir un cheval. Seul, un homme chaussé de patins peut la sillonner sans crainte et avec une étonnante rapidité. C'est ainsi que le Norvégien fait la chasse, qu'il va dans la forêt pour ramasser du bois et qu'il se rend aux villes éloignées pour y chercher les provisions qui lui manquent dans son hameau isolé.

Le Gouvernement, ayant jugé nécessaire

de faire adopter aux soldats l'usage du patin
en a pourvu un régiment spécial, qui, pour

Fig. 16. — Une skieuse.

ce motif, porte le nom de « régiment des
patineurs ».

Leurs patins sont armés de deux morceaux minces et effilés de bois de sapin. Les bouts de devant sont un peu recourbés. Le patin du pied gauche est insensiblement plus court que celui du pied droit ; tous les deux sont assujettis avec des cordons de cuir.

Un fusil léger, suspendu à l'épaule par une courroie, et une épée-poignard sont les seules armes de ce régiment. Mais chaque soldat est, en outre, muni d'un bâton ferré long de sept pieds, en tout point semblable à celui dont on se sert en Suisse pour faire l'ascension des glaciers. C'est à l'aide de ce bâton qu'ils se mettent en mouvement, accélèrent ou ralentissent leur course et se tiennent en équilibre.

Lorsqu'ils veulent s'arrêter, ils l'enfoncent profondément dans la neige et, en faisant feu — le cas échéant — ils s'en servent comme d'un point d'appui.

Depuis lors, du reste, à l'exemple de la Norvège, la France, l'Italie, l'Allemagne, l'Autriche et la Suisse, ont pourvu du ski certaines de leurs troupes.

Il est plus en usage dans le Finmark que dans toute autre partie du Nord, à cause de la nature montueuse de ce pays ; dans les temps reculés, c'était le signe tellement caractéristique de ses habitants, qu'on les appelait *Skidfinny* ou Skridfinny (Finnois aux skis).

Rien n'arrête le Lapon qui a chaussé le ski. Il glisse avec autant de facilité sur la terre couverte de neige, que sur les nappes gelées des lacs et des rivières.

Cette longue planche, que l'on pourrait croire incommode, l'embarrasse si peu que, lorsqu'elle fait corps avec sa chaussure, il touche à peine le sol. A la chasse, notamment, une fois lancé à la poursuite du gibier, quand il arrive au pied d'une montagne qui arrête sa course, il couvre quelquefois le dessus de ses patins d'un morceau de peau de renne ou de veau marin, dont le poil, tourné vers l'arrière s'oppose à toute marche rétrograde, et se fraie ainsi un chemin vers le sommet, en adoucissant la pente par des zigzags adroitement ménagés.

En descendant, au contraire, le patineur change ses allures. Souvent, le flanc escarpé des montagnes, en Laponie et dans le Finmark, a plusieurs kilomètres d'étendue, et sur ces longues déclivités apparaissent des masses énormes de rochers détachés, ou des rampes tortueuses et glissantes presque à pic.

Quand un Lapon a au-dessous de lui une côte, il se ramasse sur lui-même, les genoux pliés, le corps un peu penché en arrière, en tenant à la main un bâton qu'il appuie sur la neige et qui lui sert à modérer sa marche dès qu'elle devient trop rapide.

Rencontre-t-il un quartier de roche, ou tout autre obstacle imprévu, son adresse est telle, qu'il le franchit en un bond de plusieurs mètres; et sa vitesse est si grande, qu'il descend littéralement avec la rapidité de la flèche au milieu d'un tourbillon de neige. Et voilà!

On prétend qu'un Lapon peut parcourir avec le ski jusqu'à cent lieues par jour; pour être sincère, nous avouerons que nous n'y sommes pas allé voir.

Enfin, il n'en coûte rien de le croire!

Sans prétendre à tant de virtuosité, nos gracieuses sportswomen peuvent prendre un plaisir intense à faire du ski.

Le costume doit être approprié à ce genre d'exercice: brodequins lacés, jupe courte, chandail et bonnet de laine ou de fourrure.

Fig. 17. — Skieuse en marche.

## § I. LE DÉPART

Au départ, se lancer comme pour le patinage à glace.

Les skis, solidement attachés, tiennent bien. Il s'agit maintenant de faire du chemin. Glisser, alternativement sur l'un, puis sur l'autre pied, en s'appuyant sur les bâtons, munis d'une rondelle à leur base pour les empêcher d'enfoncer trop profondément dans la neige (fig 17).

Les skis doivent rester très rapprochés — cinq centimètres environ — et toujours parallèles ; c'est un principe pour tous les genres de patinage, que les pieds ne doivent jamais s'écarter l'un de l'autre.

## § II. LA MONTÉE

C'est la phase la plus fatigante de l'exercice, et par conséquent la plus hygiénique pour l'amateur qui s'y livre.

S'appuyer fortement, de tout le poids de son corps, tantôt à droite, tantôt à gauche, de manière à faire glisser alternativement les pieds dans chacune de ces directions opposées.

### § III. LA DESCENTE

Ici, au contraire, on recueille tout le bénéfice de la montée.

Placer un des skis un peu en avant de l'autre, pencher légèrement le corps et laisser traîner les deux bâtons, sur lesquels on peut appuyer d'avant en arrière pour modérer l'allure, les pieds du bâton faisant alors l'office de frein.

### § IV. LA CHUTE

La chute étant un des incidents toujours à prévoir — hélas! — dans l'existence, il faut s'attendre à ce qu'elle se produise dans la pratique du ski.

Elle peut être provoquée par un obstacle caché sous la belle nappe de neige — comme le serpent sous les fleurs, — et l'on doit tout aussitôt l'envisager avec stoïcisme et sang-froid.

Axiome : Quand on tombe, ne rien faire pour essayer de résister. Se laisser aller franchement sur la neige, en fataliste; puis mettre un des pieds à plat sur le sol et se redresser en s'arc-boutant vigoureusement avec les poignets sur les bâtons.

Que celui qui n'est jamais tombé, en faisant du ski, nous lance la première boule de neige !

### § V. LE VIRAGE

Grosse question. Mouvement capital et qu'il est indispensable de connaître à fond ; car si la chute est une de ces fatalités devant lesquelles il faut savoir s'incliner, du moins est-il recommandé de ne pas se laisser entraîner à faux.

Donc, quand on aborde un virage, prendre son équilibre sur les bâtons fortement appuyés sur le sol. Si vous voulez aller à droite, lever franchement le pied droit et tourner brusquement le pied gauche pour le placer dans la nouvelle direction à suivre, en ayant soin de s'incliner légèrement en arrière, de manière à bien se maintenir en équilibre.

Sur une nappe unie, un skieur entraîné peut aisément parcourir ses 10 kilomètres à l'heure. Des professionnels ont atteint des performances de 21 kilomètres. Mais laissons aux champions ces excès de vitesse, le ski devant rester pour les amateurs un sport hygiénique, qui cesserait de l'être en demeurant une fatigue ou, à plus forte raison, un surmenage.

----

# CHAPITRE XVI

## Le traîneau.

Le patinage à glace présente cet autre avantage de comprendre au nombre de ses multiples agréments la pratique du traîneau.

Ces véhicules varient de forme à l'infini. C'est le plus souvent un petit fauteuil posé sur deux lames d'acier aux extrémités recourbées à l'avant, et qui se meut de deux manières, soit que la personne qui est assise l'actionne elle-même, en se poussant à l'aide de deux bâtons ferrés, soit qu'elle se fasse pousser par un patineur.

L'emploi du traîneau qu'on fait mouvoir soi-même, ou *traîneau à la pique*, exige de la part de celui ou de celle qui s'en sert une assez forte dépense de force musculaire. Cet exercice est donc très salutaire, et concourt dans la plus large mesure au développement du biceps.

Mais, à vrai dire, la pique, si elle est hygiénique, détruit un peu la grâce de ce sport. La jeune femme, qui généralement prend place sur ce fauteuil mobile, préfère s'y prélasser les deux mains dans son manchon, bien emmitouflée dans ses fourrures et se laisser pousser par quelque galant patineur.

Celui-ci, du reste, trouve dans cet exercice une nouvelle occasion de déployer son activité, son adresse et sa force.

Le traîneau a, au surplus, l'avantage d'offrir un point d'appui au patineur encore inexpérimenté et de l'aider à se maintenir en équilibre.

Étant à peu près sûr de ne pas tomber dès qu'il se tient au dossier du traîneau, il se familiarisera plus vite avec l'instabilité de ses patins et se lancera, par suite, avec plus d'assurance.

C'est, pour le patineur qui débute, ce que serait une bouée pour un nageur novice;

et on ne saurait lui conseiller un meilleur mode d'entraînement.

Le traîneau ne comporte en général qu'un siège unique. Mais il en existe à plusieurs places; et l'on en a exhibé sur les lacs du Bois de Boulogne d'assez vastes pour contenir jusqu'à douze personnes, derrière lesquelles s'attelait toute une équipe de patineurs.

Majestueux, sensationnel et rapide, ce char avait le gros inconvénient d'être tellement encombrant, que son passage provoquait un légitime émoi et de non moins légitimes protestations parmi les patineurs. Il remportait le succès qu'aurait un autobus, s'il dévalait de la Butte dans un paisible carrefour où l'on danserait en plein vent. On n'en voit plus.

D'ailleurs, il faut bien dire que, d'une façon générale, le beau chevalier, le virtuose du patin, ne prise que médiocrement le traîneau et ne l'envisage pas sans un certain mépris. Pour ce voltigeur aux pieds ailés, les piques font l'effet de béquilles. Le traîneau lui apparaît comme un véhicule de paralytique.

N'en médisons pas, pourtant; il compte des amateurs.

Dans les pays du Nord, ce genre de locomotion est fort en usage, non plus alors comme simple divertissement, mais comme moyen de transport. Ce sont de véritables chars où prennent place plusieurs voyageurs.

En Hollande, notamment, ils sont munis parfois d'un mât, auquel se fixe une voile qui, sous l'action du vent, sert à faire avancer l'appareil, tandis qu'un bâton ferré, qu'on appuie sur la glace, fait office de gouvernail.

Rien n'est plus gracieux que ce genre de traîneaux.

Il semble être inconnu en France; et pourtant, il nous est arrivé d'en voir comme la parodie sur des lacs, où l'artifice d'une simple pique, à laquelle s'attachait un mouchoir, fournissait à quelque gavroche original l'illusion de se blaguer lui-même en se menant en bateau sur la glace!

## § I. LE BOBSLEIGH

Un autre sport qui se pratique sur la glace en Suisse, dans l'Engadine, autour du lac de Genève et même en Savoie, c'est celui du *bobsleigh*, sorte de long traîneau, glissant

sur des lames à ressort, et qui arrive à fran-
chir l'espace avec une rapidité parfois verti-
gineuse. Les personnes qui y prennent place
— au nombre de quatre généralement — y
sont assises, enfourchées les unes sur les
autres, avec un volant à l'avant qui donne la

Fig. 18. — En bobsleigh.

direction, et un frein à l'arrière pour modérer l'allure du traîneau (fig. 18.)

Très en faveur auprès des intrépides qui
aiment à se griser de vitesse, — la lourde machine, une fois lancée sur les pentes glacées,
descendant facilement à près de cent kilomètres à l'heure, — le *bobsleigh* n'est pas recommandé comme exercice de père de famille.

Il faut, pour le pratiquer, une sûreté de main et un sang-froid tout particuliers.

Il est vrai qu'une fois en route, la sensation — paraît-il — est exquise. Nous disons à dessein « paraît-il », car nous n'avons jamais eu encore la curiosité de l'éprouver par nous-même, ayant jugé plus généreux — et surtout plus prudent — d'en laisser jouir les autres !

Mais enfin, de ce qu'on soit peu friand d'un plat, il ne s'ensuit pas qu'il faille en dégoûter ses voisins de table.

Pour ceux qui aiment les exercices violents, les escalades fantastiques, les virages fous, et qui cherchent à détenir un record original, le *bobsleigh* ne saurait être trop préconisé. C'est vraiment un sport unique. Il donne, comme aucun autre, le frisson nouveau. Et puis, ne pouvant guère se pratiquer que sur des étendues de glace à perte de vue, il n'est pas précisément à la portée de tout le monde.

N'est-ce pas une raison de plus pour stimuler les dilettanti auprès desquels les patinages et les fuites éperdues en traîneau ne sont que des jeux d'enfants ?

## § II. — LA LUGE

Moins rapide que le *bobsleigh*, et d'ailleurs
de dimensions beaucoup plus restreintes,
la *luge*, très en faveur dans le canton des
Grisons, est une sorte de traîneau qui comporte un siège bas, posé sur des traverses

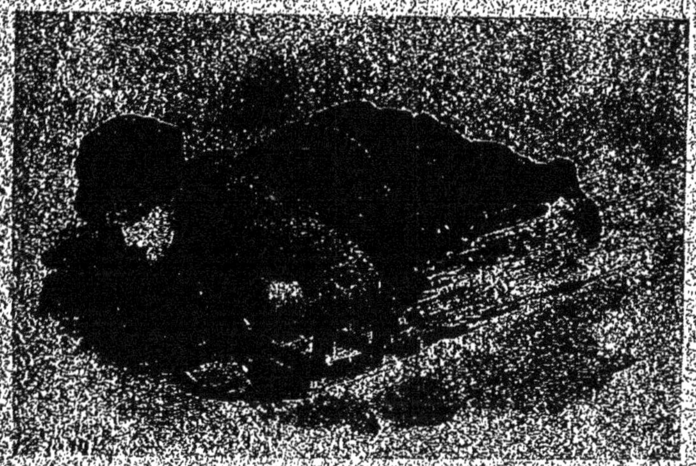

Fig. 19. — A plat ventre sur une luge.

longitudinales formant patins, et qui se dirige
au moyen d'un bâton ferré.

La luge s'emploie beaucoup pour des-
cendre les pentes et peut cesser de devenir
un traîneau de tout repos si, monté d'une

certaine façon, elle est lancée dans des conditions particulières.

Les jeunes femmes, qui éprouvent une volupté spéciale sous le frisson de la vitesse, peuvent s'y coucher à plat ventre, la tête en avant — comme l'indique la gravure ci-contre, — en se cramponnant des deux mains aux courbes des patins (fig. 19); et alors, lancées sur une pente rapide, elles atteignent une allure, dont la vitesse, quoique sensiblement inférieure à celle du *bobsleigh*, arrive encore à leur procurer des sensations très appréciées...

# DEUXIÈME PARTIE

---

# LE PATINAGE A ROULETTES

# CHAPITRE PREMIER

## Avantages de ce sport.

Aussi élégant et aussi gracieux que le patinage à glace, le patinage à roulettes a sur son rival cet avantage incontestable d'être plus pratique, par la raison que, pour se livrer au premier de ces deux exercices, il faut trouver, ou fabriquer artificiellement une piste glacée; tandis que l'autre n'exige qu'un simple plancher présentant une surface résistante et unie.

Le patinage à roulettes a encore un autre avantage essentiel, celui de moins fatiguer que le patinage à glace. C'est qu'en effet, au lieu d'être par lui-même instable, comme l'est le patin à glace, le patin à roulettes, véritable petit chariot supporté par quatre roues de même dimension, offre au pied la surface et l'aplomb normal d'une plate-forme stable.

Cette position supprime donc l'effort que la cheville doit accomplir avec le patin à lame, pour se maintenir en équilibre, — d'où diminution notable de fatigue.

Le troisième avantage du patinage à roulettes — le plus appréciable, à notre avis — consiste dans la suppression du danger.

Ne dansant ni sur un volcan, ni même sur des eaux profondes, le patineur à roulettes n'a pas d'immersion fâcheuse à redouter.

Tout au plus, si le plancher de la piste cédait sous ses pieds, pourrait-il lui arriver de dégringoler dans la cave. Mais cette éventualité ne s'est encore jamais produite!

Enfin, le patineur à roulettes peut prendre son plaisir dans une atmosphère plus agréable et relativement plus saine que celle où évolue le patineur à glace, n'étant pas obligé de s'exposer, comme lui, à un froid rigoureux, quand il patine sur de la vraie glace, ni de subir, dans les établissements, la température nécessaire à l'entretien de la glace artificielle.

N'est-ce pas à considérer?

La France a été l'un des pays du monde

les plus réfractaires à l'acclimatation du patin
à roulettes. Alors que les États-Unis, l'Angleterre, la Belgique et la Hollande lui

Fig. 20. — Rinkeuses.

avaient donné droit de cité depuis longtemps,
c'est il y a seulement une quarantaine d'années, qu'il put faire son apparition chez

nous. Comme le vélocipède, il nous fut présenté pour la premièr fois à l'Exposition universelle de 1867, et, à vrai dire, il ne rencontra au début que peu d'amateurs.

Il n'obtint d'abord que les suffrages des enfants. Son importance ne dépassa guère celle d'un jouet indigne, trouvait-on, de fixer l'intérêt des grandes personnes. Démocratique d'allure, il resta longtemps le patin rudimentaire de la démocratie. Les vieux Parisiens se rappellent certainement encore ces gamins qui, après la guerre de 1870, se hasardaient à faire de vagues tentatives de patinage à roulettes sur la voie publique, sur les places et les trottoirs asphaltés, où ils s'adonnaient à ce « jeu » comme en fraude, à travers mille obstacles et aussi mille périls.

Depuis lors, cet exercice s'est perfectionné, au point de devenir un sport classé. Dès l'année dernière, il a pris un développement extraordinaire; et la vogue dont il jouit à l'heure actuelle n'est qu'un juste hommage rendu à ses mérites.

C'est qu'avec lui, nous pouvons narguer les caprices du baromètre. Comme l'amour, le patinage à roulettes est de toutes les saisons. Cette considération a certainement beaucoup contribué à son expansion, tellement considérable aujourd'hui, que son concurrent, le patinage à glace, n'a plus qu'à bien se tenir, s'il veut soutenir avantageusement le parallèle.

Comment, d'ailleurs, des complications nécessitées par l'installation d'une piste de glace artificielle pourraient-elles lutter victorieusement contre les modestes exigences d'un skating à roulettes? C'est ainsi qu'en moins d'une année, Paris a vu se fonder quatre « rinks » principaux, où l'on peut — comme au Skating-Palace de la rue d'Amsterdam notamment — pratiquer dans les conditions les plus favorables un sport, si justement considéré comme l'un des plus salutaires et en même temps des plus divertissants qui soient.

Par le confort de l'installation, par le nombre et la compétence des professeurs attachés à la maison, ces établissements offrent aux amateurs toutes les garanties dont il est bon de s'entourer pour la pratique de ce sport. Et leur succès indique la vogue dont jouit actuellement auprès des Parisiens — et plus particulièrement des Parisiennes

— cet exercice si divertissant qu'est le patinage à roulettes.

## CHAPITRE II

### Le Patin.

Comme pour le patinage à glace, la chaussure joue, dans le patinage à roulettes, un rôle essentiel. Aussi ne pourrait-on que répéter, à ce propos, ce qui a été dit pour le patin à lame : brodequin solide, très ajusté, lacé, comprimant bien la cheville ; talon bas et semelle épaisse.

Quant au choix du patin, il est laissé au goût de l'amateur, à la condition qu'il se fixe sur l'un des derniers modèles, c'est-à-dire sur un article tout en acier et de bonne marque.

Le prix d'une *bonne* paire de patins à roulettes varie entre 25 et 30 francs. Il s'en fait de moins chers, évidemment. Mais on n'en a jamais que pour son argent.

Le vieux patin à semelle de bois, cerclé de cuir au talon et reposant sur des roulettes de buis, peut être considéré comme l'ancêtre du patin à roulettes.

Que cet aïeul repose en paix au musée des

antiques! L'ingéniosité moderne a depuis longtemps trouvé mieux.

Le bon patin à roulettes est le patin d'acier, dont les semelles sont munies chacune de deux griffes se serrant au moyen d'une clé et qui, en se rapprochant, cramponnent à la fois la semelle et le talon de la bottine. Une courroie peut, à la rigueur, maintenir le cou-de-pied. Mais nous la déconseillons, sa pression ne faisant que fatiguer les muscles et même entamer la chair sous le cuir de la chaussure.

Il se fait aussi des patins d'acier, dont la

semelle est à coulisse, et peut s'allonger ou se raccourcir à volonté. Ce modèle a pour avantage de pouvoir s'ajuster à n'importe quel pied. Mais il présente un gros inconvénient : il est lourd. Le poids d'un patin bien conditionné ne doit pas dépasser 1 200 gr. La moyenne est d'un kilo.

Le patin idéal est celui qui, sans être trop

pesant, fait bloc avec la chaussure, comme
si l'une et l'autre n'étaient qu'une seule et

même pièce: et dont les roues ne dérapent
pas. Or, les roues d'acier sont quelquefois

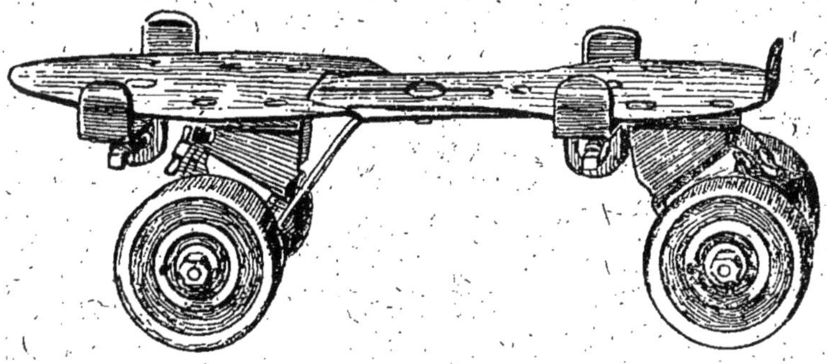

glissantes; et c'est, en pareil cas, un très
grave inconvénient, les embardées n'ame-
nant jamais rien de bon.

Aussi, les connaisseurs préfèrent-ils aux roues d'acier les roues de buis, ou mieux encore de fibre vulcanisée.

Enfin, les dilettanti déclarent que rien n'est supérieur aux roues en *fibre de mica*, parce qu'elles ont du mordant sur la piste, et que ni le froid, ni la chaleur, ni l'humidité n'a d'action sur cette matière.

---

## CHAPITRE III

### La Piste (le rink).

Nous nous étendrons le moins possible sur la piste. Si bon patineur qu'on soit, on est trop porté à s'y étaler!

Et d'ailleurs, comme l'amateur opère généralement dans un rink aménagé d'avance, il n'y a guère de conseil à lui donner à cet égard.

Disons pourtant, à l'adresse des personnes qui convient des patineurs à domicile, que

la meilleure des pistes est un plancher,
fait de bois d'*érable*, aussi uni que possible;
mais *non ciré*.

Il faut, au contraire, que la surface offre
une prise aux roulettes, la vitesse étant produite, non pas — comme pour le patin à
glace — par le glissement de l'appareil sur
le poids qui le supporte; mais bien par la
multiplication des tours de roues du patin
sur leur axe, lequel est monté sur billes.

C'est même une bonne précaution, avant
de se chausser du patin, d'en graisser les
roulements avec de l'huile de machine fine,
dont on verse quelques gouttes dans le trou
de chaque cache-poussière, le patin compor-
tant huit roulements de billes, soit deux par
roulette.

Il y a cependant des cas où les tempéra-
tures trop élevées font gauchir les pistes
d'érable. On peut alors leur substituer les
pistes en ciment. Mais ce n'est là qu'un pis-
aller; rien ne vaut la piste de bois.

# CHAPITRE IV

## Premiers principes.

Quiconque sait patiner sur la glace possède de ce fait des notions qui lui serviront évidemment pour patiner à roulettes. Mais ce serait une erreur de croire qu'il suffise de pratiquer le premier de ces sports, pour pouvoir se livrer à l'autre avec succès.

Un point essentiel différencie ces deux exercices, à savoir que, dans le patinage à glace, c'est en s'appuyant alternativement sur le sol avec chaque patin que le patineur obtient l'élan et avance ; tandis que, sur les patins à roulettes, une fois l'élan donné, c'est le seul poids du corps, combiné avec la détente alternative des muscles du jarret, qui imprime la poussée et détermine la vitesse (fig. 21).

Autre recommandation essentielle : les deux pieds doivent toujours rester parallèles et rapprochés, sans s'écarter l'un de l'autre de plus de *dix à quinze* centimètres.

Fig. 21. — Un équilibre sur un pied.

On doit, en patinant, faire porter le poids du corps sur les talons.

Laissez aux bras leur position naturelle ; et abstenez-vous de gestes désordonnés.

Tenez la tête haute et ne regardez jamais la piste en patinant.

Enfin, le débutant doit procéder sans hâte, les mouvements lents étant tout à la fois plus faciles et plus gracieux.

---

# CHAPITRE V

## La Pose du patin.

Si pour une longue marche, il est indispensable d'être solidement et confortablement chaussé, il n'est pas moins nécessaire, avant de se lancer sur le rink, de choisir des patins qui s'adaptent exactement à la chaussure, et de veiller à ce que la bottine appuie bien à plat sur la semelle du patin, à égale distance de chaque roulette.

La pose du patin est une de ces opérations qui exigent le concours d'un collaborateur. Le vieil adage, d'après lequel on n'est jamais

mieux servi que par soi-même, comporte,
dans la circonstance, une exception. Pour

Fig. 22. — La pose du patin.

bien se chausser du patin à roulettes, il faut
recourir à l'intervention d'une personne ex-
périmentée, ou tout au moins, d'un aide; et
nul n'est mieux qualifié pour cette humble,

maïs utile besogne, que le skat's boy, qui l'accomplit en général avec une remarquable dextérité.

Le patineur s'assied sur une chaise (figure n° 22) en posant le pied sur un banc d'une conformation spéciale, et dont le rebord, creusé en forme de gouttière, maintient le patin, pendant que le boy le fixe à la bottine.

Une fois bien solidement chaussé, vous pénétrez dans le rink ; mais non sans avoir, au préalable, déposé votre chapeau au vestiaire ; et c'est là une excellente précaution ; d'abord parce que vous êtes sûr, au moins, de ne pas rester couvert devant les dames ; et ensuite parce que, si vous veniez, au cours de vos évolutions, à perdre votre couvre-chef, sa chute risquerait d'en occasionner d'autres dont les conséquences pouraient être des plus fâcheuses !

Seules, les personnes du sexe présumé faible ont la faculté de conserver le leur, puisqu'il est attaché. C'est comme la contre-partie de la question des chapeaux de dames au théâtre, que ces messieurs ont tout de suite résolue en supprimant la cause de la difficulté !

# CHAPITRE VI

## Les Premiers pas.

Vous voilà donc debout sur vos patins — écartés seulement de dix à quinze centimètres l'un de l'autre — et posés bien à plat sur le sol.

Partez !

Vous levez alternativement les pieds, comme pour la marche ordinaire, avec cette différence qu'au lieu de les poser obliquement, vous devez, au début de chaque pas, maintenir le pied absolument droit par rapport à la position du corps, c'est-à-dire perpendiculaire à la ligne des épaules (fig. 23).

Faites ainsi le tour du rink, sans vous presser, profitant de l'élan acquis pour vous laisser aller, et pour exécuter avec les deux pieds parallèles une glissade serpentine.

Vous vous accoutumerez, de la sorte, au roulement des patins ; et c'est seulement

quand vous saurez vous y maintenir avec

Fig. 23. — Première leçon.

une certaine assurance, que vous aborderez
les premiers mouvements.

# CHAPITRE VII

## Les « Dehors » et les « Dedans ».

Le patinage peut se définir une succession de dessins, dont les coups de patin forment les traits.

Ces traits, qui correspondent aux mouvements des pieds, constituent, comme nous l'avons dit pour le patinage à glace, ce qu'on appelle les « dehors » et les « dedans ».

Ici, le *dehors* est le mouvement que le pied exécute en s'appuyant sur les deux roulettes *extérieures* du patin. Inversement, le *dedans* est le mouvement qu'il exécute en s'appuyant sur ses roulettes *intérieures*.

Comme pour le patinage à glace, c'est du *dehors* et du *dedans* que dérivent toutes les figures (fig. 24).

D'une façon générale, ces mouvements doivent décrire une courbe molle et figurer géométriquement un quart ou un demi-cercle.

Il ne faut pas chercher, quand on débute,

Fig. 24. — Un dehors du pied droit.

à faire beaucoup de chemin. Les rinks de
bois n'offrant jamais la même étendue que

les nappes de glace, — tout au moins de
glace naturelle, — il est bon de s'habituer à
tourner, de manière à suivre
naturellement l'ovale de la
piste et à circonscrire son
évolution. La grâce de l'attitude ne fera qu'y gagner.

Le tracé suivant indique
la courbe que doit figurer
chaque « dehors » pour la
marche en avant. (C'est en
commençant *par le bas* qu'il
faut interpréter l'indication
du tracé.)

Dans la succession des
« dehors », les pieds doivent rester rapprochés, pour
que la seconde courbe com-
mence exactement là où finit
la première, sans qu'il existe
entre les deux d'intervalle
appréciable.

La même règle, bien en-
tendu, s'applique aux « de-
dans »; et ceci, tant pour la marche en
avant que pour la marche en arrière, dont
nous allons indiquer les principes.

Il ne faut jamais perdre de vue, en effet, que l'équilibre est la base même des règles du patinage, et que cet équilibre s'obtient d'autant mieux, que vous maintenez davantage à votre portée — en gardant les pieds rapprochés — les éléments qui vous permettent d'en observer les lois.

---

# CHAPITRE VIII

## Le Départ.

On ne fait pas au débutant l'honneur d'appeler « départ » le premier pas qu'il exécute dans un rink.

Le mot *départ*, en termes de patinage, ne s'applique qu'au patineur expérimenté qui, sachant déjà se diriger sur ses patins, s'élance sur la piste pour exécuter une figure déterminée.

Le patineur, les pieds en équerre, doit alors ployer sur les jarrets, incliner le corps

Fig. 25. — Un départ, seul.

dans la direction à suivre — comme s'il s'ap-
prêtait à défoncer une porte d'un magistral

Fig. 26. — Un départ à trois.

coup d'épaule — et prendre son point
d'appui sur le pied placé *perpendiculai-
rement* par rapport au pied {qui part
C'est-à-dire que, s'il part du pied droit,

il doit prendre son appui
sur le pied gauche ; ou,
inversement, s'il part du
pied gauche, prendre son
appui sur le pied droit
(fig. 25).

Une fois l'élan acquis,
avoir soin d'exécuter avec
le pied qui roule un *léger*
« dehors », de manière à
décrire, en avançant, des
quarts ou des demi-quarts
de cercle, tantôt dans un
sens, tantôt dans l'autre, comme l'indique
le tracé ci-après :

———

# CHAPITRE IX

## Le Virage.

Etant donné que, dans le patinage à roulettes, c'est le seul poids du corps qui produit l'élan, et son inclinaison qui contribue

4

à imprimer la direction, il faut, pour tourner, commencer par s'incliner dans la direc-

Fig. 27. — Le virage.

tion que l'on veut suivre; puis s'aider de l'autre pied comme d'un repoussoir.

Pour aborder, par exemple, un virage de droite à gauche, porter d'abord le poids du corps sur le pied gauche, et placer le pied droit en avant du gauche et légèrement en travers,

Le virage de gauche à droite s'obtient par un mouvement inverse (fig. 27).

---

# CHAPITRE X

## L'arrêt dans la marche en avant.

C'est un axiome de mécanique que le frottement diminue la vitesse ; et c'est bien, en effet, par frottement que l'arrêt s'obtient dans le patinage à roulettes.

Le patineur, dès qu'il veut s'arrêter, doit porter tout l'équilibre du corps sur un seul pied, et maintenir cette position en plaçant légèrement et progressivement l'autre pied en arrière, de *façon à lui faire former une équerre* avec le pied qui roule.

C'est ce second patin qui, en raclant le

Fig. 28. — Une élève et ses professeurs.

sol, use le mouvement et, faisant office de
frein, finit par déterminer l'arrêt.

Mais, nous le répétons, pour que l'action de ce frein soit efficace, il faut qu'elle soit amenée par un contact *progressif* du patin freineur avec le sol.

Il ne s'agit ici que de l'arrêt dans la marche en avant.

---

# CHAPITRE XI

## La marche en arrière.

Comme pour le patinage à glace, nous conseillerons au patineur qui voudra s'exercer à aller en arrière, de se faire d'abord pousser à reculons par un guide — ou par toute autre personne — qui lui fournira un point d'appui, en lui tenant les mains.

S'il procède seul, qu'il incline d'abord le corps en avant, de manière à provoquer une marche serpentine — et parallèle des deux pieds — en arrière. Ce résultat obtenu, se redresser aussitôt, et, pour entretenir le mouvement, appuyer alternativement sur l'un et sur l'autre pied par un *léger* « dedans », c'est-à-dire en appuyant sur les roulettes intérieures des deux patins et en maintenant les talons en dehors.

---

# CHAPITRE XII

## L'arrêt en arrière.

Dans la marche en arrière, on obtient l'arrêt en renversant les mouvements indiqués pour l'arrêt dans la marche en avant, c'est-à-dire en mettant l'un des deux pieds en travers et en l'appuyant sur le sol, dans une position perpendiculaire à celle du pied qui continue à rouler.

---

# CHAPITRE XIII

## Le demi-tour.

Le « dehors », le « dedans » et le « demi-tour » constituent ce qu'on appelle les « mouvements classiques ».

Le *demi-tour* s'exécute de la façon suivante : patinez en avant et placez les patins l'un devant l'autre, le pied droit à quinze centimètres du pied gauche. Quand vous aurez obtenu l'équilibre, soulevez les talons et, reportant pour un instant tout le poids du corps sur les roulettes de devant, opérez le demi-tour. Les patins suivront l'évolution et continueront leur roulement en arrière.

C'est le poids du corps qui doit, ici encore, entraîner les patins dans la nouvelle direction qui leur est imprimée.

# CHAPITRE XIV

## La marche sur un pied.

Pour patiner sur un seul pied, il est nécessaire de résoudre d'abord un problème d'équilibre.

Vous obtiendrez ce résultat, en portant le poids du corps sur les roues intérieures du patin qui doit, à lui seul, supporter le poids du corps. Essayez ensuite de faire quitter le plancher à l'autre patin, en procédant par intermittences.

Vous éprouverez au début quelque difficulté à obtenir ce résultat que, seul, vous donnera l'entraînement.

Aussi, ne doit-on se risquer sur un seul pied, que lorsqu'on se sent déjà solide sur ses patins, et qu'on sait exécuter convenablement les « dehors » et les « dedans ».

Fig. 29. — « La petite bonne femme » sur un pied.

Ne pas chercher à courir avant de savoir marcher !

# CHAPITRE XV

## Les figures

Les évolutions du patinage à roulettes se trouvant forcément circonscrites par le cycle de la piste, cet exercice — comme bien d'autres d'ailleurs — deviendrait monotone, s'il se bornait aux seuls mouvements élémentaires.

Il est donc tout naturel que le patineur expérimenté demande à son art le maximum d'agrément qu'il peut lui donner, et que, par suite, dès qu'il se sent capable d'exécuter avec assurance les exercices simples, il cherche à aborder ce qu'on est convenu d'appeler les « grands exercices », autrement dit les figures (fig. 30).

Or, si le patinage à glace ouvre un champ illimité à l'ingéniosité de ses amateurs, c'est un principe de rinkeur qu'on n'arrive jamais a faire tout ce qu'il est possible de faire sur le patin à roulettes.

Fig. 30. — Un grand exercice à deux.

Les grands exercices varient à l'infini, et, de même que le nombre des figures d'un cotillon est subordonné à la fertilité d'invention de celui qui le conduit, de même,

Fig. 31. — Deux patineurs.

les figures du patinage se multiplient en raison directe de l'imagination du patineur.

Il en existe néanmoins de « classiques », que tout patineur, vraiment digne de ce nom, doit savoir exécuter. Telles sont : le *huit*, le *huit sur un pied*, le *changement de carre*, le *trois*, le *double trois*, les *boucles*, les *brackets* ou *contre-trois*, les *rockings*, les *contre-rockings*, le *paragraphe trois*, le *paragraphe boucle*, etc., etc...

Sans doute, le patinage à roulettes ne comporte pas certains tours de force réalisables seulement par le patinage à glace. La roulette du patin ne permet ni de dessiner, ni d'écrire sur la piste de bois. Mais il est certain que, dans l'ensemble des figures qui leur sont propres, ces deux exercices exigent autant de virtuosité, de grâce et d'agilité l'un que l'autre.

1° Le *huit*.

Le *huit* s'exécute de quatre façons, par des « dehors » et des « dedans » combinés :

1° en *avant* sur le pied droit ;
2°        —     sur le pied gauche ;
3° en *arrière* sur le pied droit ;
4°        —     sur le pied gauche.

***

2° Le *huit* sur un pied.

Le *huit* sur un pied s'obtient aussi par des « dehors » et des « dedans » combinés et, comme la figure précédente, se fait de quatre façons.

***

3° Le changement de *carre*, qui est un double *huit*.

Dans cette figure, le patineur exécute un cercle *entier*.

***

4° Le *trois* s'exécute par demi-cercle, et de six façons.

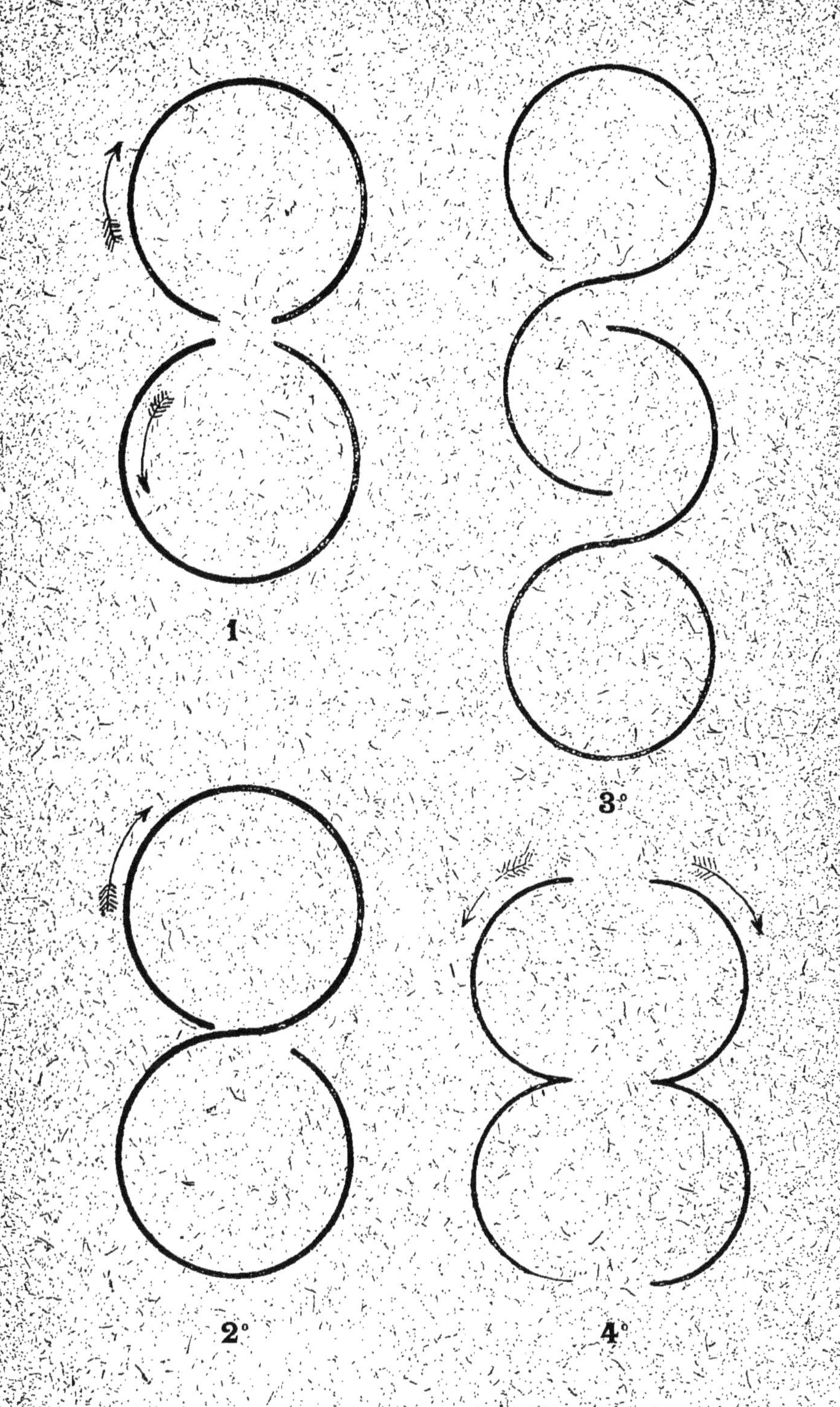

1
2°
3°
4°

5° Le *double trois*, de quatre façons.

* *
*

6° Les *Boucles*, de quatre façons.

* *
*

7° Les *Brackets*, ou *contré-trois*.

* *
*

8° Les *Rockings*, de quatre façons.

* *
*

9° Les *Contre-Rockings*.

* *
*

10° Le *paragraphe* trois.

* *
*

11° Le *paragraphe boucle*.

* *
*

12° Le *paragraphe Bracket*.

5º

6º

7º

8º

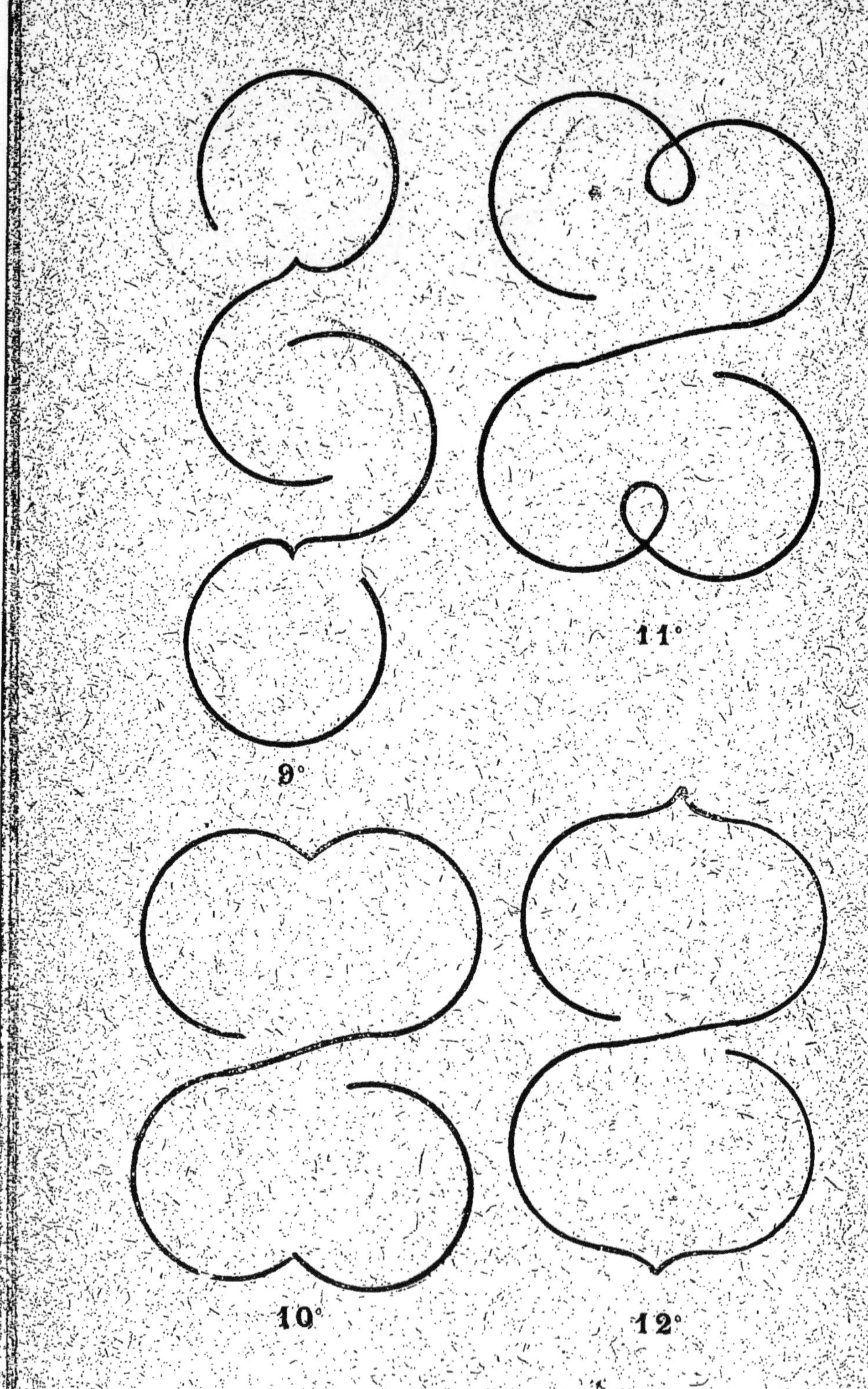
9°
10°
11°
12°

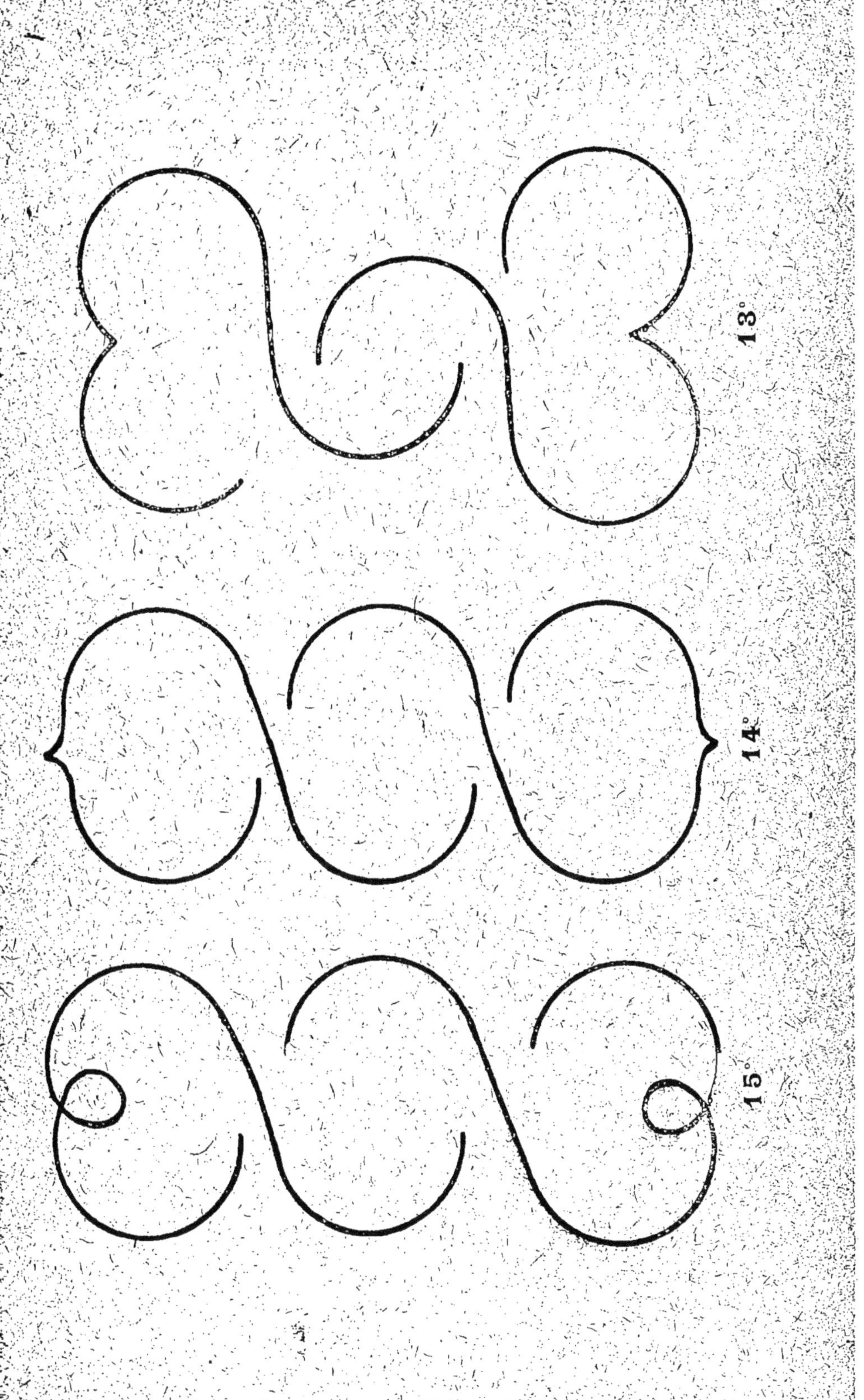

13° Le *changement de « carre » trois*.

**

14° Le *changement de « carre » Bracket*.

**

15° Le *changement de « carre » bouclé*.

Telles sont les principales figures à l'exécution desquelles se plaisent les professionnels, disons mieux, les virtuoses du patin ; mais qu'un simple amateur ne saurait aborder sans courir quelques risques, contre lesquels le sentiment de sa sécurité personnelle le mettra sans doute suffisamment en garde.

Néanmoins, ne décourageons personne, une piste de patinage étant un champ essentiellement ouvert à toutes les hardiesses et même à toutes les témérités.

# CHAPITRE XVI

## Les couples.

S'il faut laisser aux intrépides ces figures compliquées qui frisent parfois l'extravagance, on peut par contre en recommander d'autres qui, loin de présenter les mêmes difficultés, ont néanmoins du charme.

Quoi de plus seyant, par exemple, que le patinage par couple (fig. 32) ?

Soit que le rinkeur se contente de voguer sur la piste avec sa partenaire, soit qu'il lui fasse vis-à-vis, pour l'entraîner dans un tourbillon de valse, cependant qu'onduleuse, légère et comme ailée, la jolie patineuse frôle à peine le sol, tantôt sur un pied, tantôt sur l'autre, il peut exécuter avec elle des figures infiniment gracieuses.

En pareil cas, le cavalier se place généralement à « l'intérieur », servant ainsi de point d'appui à sa valseuse, qu'il assiste et qu'il guide dans ses virages.

La figure peut — naturellement — se renverser; et, dans les deux cas, l'exercice

Fig. 32. — Un tour de valse.

est non seulement un divertissement pour ceux qui l'exécutent; mais un spectacle fort agréable pour les contemplatifs qui se contentent d'en suivre les phases successives.

Pour peu que le patineur soit galant — et il doit l'être — il s'effacera devant sa partenaire, de manière à faire apprécier sa souplesse, sa grâce, ainsi que toute l'harmonie des lignes que les allées, les venues, les voltes et les virages peuvent mettre en valeur.

Ne perdons pas de vue qu'à l'inverse du patinage à glace, qui fut, dans le principe, une nécessité — et l'on se ressent toujours de ses origines — le patinage à roulettes ne fut jamais et n'est encore qu'un divertissement, c'est-à-dire un plaisir, un luxe.

N'est-il donc pas un peu du devoir de ceux qui l'aiment d'en faire ressortir, en même temps que le côté hygiénique, l'aspect élégant et mondain qui a si puissamment contribué à son succès?

# CONCLUSION

Nous arrêterons là les indications de ce petit traité, que nous dédions aux amateurs, en souhaitant qu'ils prennent, à le feuilleter, autant de plaisir que nous avons eu à l'écrire.

Nous avons cherché à le rendre simple et surtout pratique, en dehors de toute préoccupation littéraire.

Nous formons encore le vœu qu'il contribue à développer, en France un sport qui peut figurer avantageusement parmi les plus utiles, les plus salutaires et les plus élégants.

Et maintenant, il ne nous reste plus qu'un devoir à remplir; c'est de remercier nos collaborateurs.

Il nous serait impossible, en effet, de terminer ce travail, sans rendre hommage, notamment à la courtoisie de M. Bell, le sympathique directeur du Skating-Palace, qui a mis si gracieusement son vaste rink à notre disposition pour l'étude pratique du sujet que nous avions entrepris de traiter.

Cet hommage s'étend aux aimables et jolies patineuses, qui ont bien voulu consentir à se placer devant l'objectif de notre photographe, pour nous permettre d'éclairer notre texte de leur lumineuse silhouette.

Enfin, nous devons un chaleureux remerciement à MM. Raoul Bizot, John Davidson, Réginald Dainty, ces savants professeurs, ces champions si justement réputés, qui nous ont initié avec tant de bonne grâce aux secrets d'un sport passionnant entre tous — et que nous regrettons d'avoir connu si tard !

# TABLE DES MATIÈRES

# DEUXIÈME PARTIE

## LE PATINAGE A ROULETTES

Imp. F. Schmidt, 5-7, avenue Verdier, Montrouge (Seine).

# LES SPORTS POUR TOUS

*Ont déjà paru dans la même collection :*

LA BOXE, par Julien Leclerc.

VIGUEUR, SOUPLESSE, BEAUTÉ (Gymnastique suédoise), par Halling.

LE FOOTBALL, par J. Manchon.

LA LUTTE, par Fénelon de Bord[illegible].

L'AVIRON, par J. Manchon.

LES SPORTS PÉDEST[illegible].

LA NATATION, par [illegible].

L'ATHLÉTIS[illegible].

---

*Paraîtront successive[ment] :*

L'ESCRIME (fleuret, épée [illegible].

[illegible] fusil, arc), LE [illegible].

[illegible] LES SPORTS D[illegible] [illegible].

[illegible] Croquet, Golf [illegible].

LA CHASSE, LA PÊCHE, etc.

---

40 cent[imes] le volume.

*Orné de nombreuses illustrations photographiques.*